Anonymus

Sendschreiben an den Verfasser der Gegenkritik

Über das Betragen der sogenannten Gesellschaft gelehrter Herren Kritiker Wiens

Anonymus

Sendschreiben an den Verfasser der Gegenkritik
Über das Betragen der sogenannten Gesellschaft gelehrter Herren Kritiker Wiens

ISBN/EAN: 9783743608306

Hergestellt in Europa, USA, Kanada, Australien, Japan

Cover: Foto ©Thomas Meinert / pixelio.de

Manufactured and distributed by brebook publishing software
(www.brebook.com)

Anonymus

Sendschreiben an den Verfasser der Gegenkritik

Sendschreiben

an den

Verfasser

der

Gegenkritik,

über das Betragen

der

sogenannten Gesellschaft gelehrter Herren
Kritiker Wiens.

Vom

Anonymus.

Wien,
mit Edeln von Ghelenschen Schriften.

1 7 8 7.

Vorrede.

Gegenwärtiges Sendschreiben, das mir ungefähr unter die Hände kam, schien mir zu wichtig, und zur richtigeren Bestimmung der heutigen Kritikerepoche zu dienstleistend zu seyn, als daß ich es nicht jedem redlichen Manne mitzutheilen sehnlich wünsche. Nur Schade: daß ich es nicht so, wie es dem Verfasser der Gegenkritik eingesendet wurde, hergeben kann: indem entweder der Verfasser dessen selbst, oder jener der Gegenkritik zur eigenen Wissenschaft so manches vorbehalten

wol-

wollen: und sie, oder sonst eine un=
milde Hand so vieles darin unlesbar
gemacht hat. Ohne den Thäter zu
wissen, oder untersuchen zu wollen,
wird doch der kluge Leser aus den
noch vorhandenen Fragmenten, die Ab=
sicht, und Redlichkeit des Verfassers
abnehmen: und aus den nachfolgenden
Schlüssen, das vorhergegangene, aber
bereits abgehende beynahe selbst erra=
then mögen. Ich werde daher die ab=
gehenden Stellen durch: — — —, rich=
tig anmerken; und so kann mir weder
der Vafasser, noch auch der redliche
Leser was arges zumuthen.

Der Herausgeber.

Dank! tausendfältiger Dank sey Ihnen! ob der so vortreflichen Kritik, welche Sie einer Gesellschaft entgegen gesetzet haben, die sich nach dem Systeme der allerneuesten Aufklärung sehr weise selbst die gelehrte taufet; wohl wissend, daß sie ansonst kein vernünftiger Mensch dafür erkennen würde. Zu Ihrem Vergnügen kann ich Ihnen bezeugen: daß unter mehr als zweyhundert mir bekannten Personen, welche alle dieß gelehrte Werk, samt dem Nachtrab gelesen haben, nicht ein einziger war, der nicht den lautesten Beyfall hierüber äusserte: wohingegen alle diese, und noch mehr andere entweder in Verachtung, Betrübniß, oder in das stärkeste Hohngelächter ausbrechen, wenn sie ein Kritikblättchen voll reiner Romanzenlehre lesen; und besonders wenn sie einen bey allem Volke berühmten Schneller tadeln, und dafür einen in der ganzen Stadt verschrienen Wieser loben. Dieser hat sich erst unlängst wieder mit seiner Rede vom Sterben zur Freude der Herren Kritiker ausge-

zeich=

zeichnet, und anmit ein feines Gegenstück des
nicht rächenden Gottes geliefert. Wegen welcher
Predigt, und andern derley Vorlaufern er zwar
billig der Kanzel entsetzt wurde, aber, Gott weiß
es, durch was für Wege sich wieder darauf erschwungen hat: da unschwer vorzusehen war:
wienach das letztere Uibel ungleich ärger als das
erstere seyn würde.

Ich müßte mein Gewissen mit einer zu grossen Last beschweren, wenn ich ein derley zügelloses
Blat, so über unsern alt hergebrachten Gottesdienst, über unsere heiligste Religion, und ihre
Diener schmähet, halten thäte; nur manchmal
wird mir ein derley Wisch zugeschicket, von welchem ich immer mit Vergnügen vernehme, wenn
selber an dasjenige Ort befördert werde, dessen
er würdig ist. Zu dieser Klasse Religions-
ja selbst Staatsschädlicher Schriften rechne ich
auch die vom Probst Wittola erscheinende Kirchenzeitung, -- — — — — — —
— — — — — — — — ; der de-
müthige, sich bis zu einen Zeitungsschreiber er-
niedrigende Mann, überweiset anmit das ganze
Publikum, daß ihm seine anvertrauten Schäflein
eben nicht so sehr am Herzen liegen müssen, und
er nichts besseres zu thun wisse, als die -- —
Fehler seiner Mitbrüder aufzudecken. — —

Wer seine Brochüren, und übrige flüchtigen
Blättchen gelesen hat, wird Beweise über Be=
weise finden, auch mit Händen greifen, daß die=
ser tolerante Mann gegen Ungläubige, dafür ein
grosser Feind und Verfolger vieler seiner geist=
lichen Mitbrüder, ein noch grösserer der Mönche,
und der größte der Jesuiten, oder Exjesuiten sey;
läßt sich noch ein höherer Grad gedenken, so
dürfte solcher vermuthlich seinen höchsten geist=
lichen Obrigkeiten angewiesen bleiben: gute Zeug=
nisse von allem dem, liefert uns die Biedermanns
Chronik: sie sollte zwar zu des Wittola Lob ge=
reichen, allein sie gereichet ihm wahrhaftig
zur Schande. Zum Ulberfluß will ich hier ein
Histörchen erzählen (von welchem selbst unser
Kirchenzeitungsschreiber ein besonderer Liebhaber
ist: und höchstbegierig aufschnappt, wenn ihm,
oder seinen Helfern, dann Helfershelfern jemand
etwas nach Wunsch Tüchtiges beybringet, und
er aus wahrer Nächstenliebe es der ganzen Welt
mittheilet, auch bey seinen öffentlichen Unrichtig=
keiten fest und steif besteht, wenn ihn auch der
betroffene Theil davon überzeuget) — — —
— — — : Se. Eminenz der Herr Kardi=
nal Fürstbischof von Passau, aus dem gräflichen
Hause von Firmian, waren gegen mich so gnä=
dig jedesmal den Zutritt zu gestatten: einst sprach

ich

ich eben vom Wittola bey Gelegenheit einer von ihm ausgekramten Brochüre, so ich Sr. Eminenz vorwies; die Rede gieng weiter: weil wir aber nahe an der Thüre standen, vor welcher sich Leute befanden, nahmen Se. fürstl. Gnaden mich bey der Hand, giengen zu einen Tisch, ergriffen die Feder, und schrieben stehend: „ Wittola verdient nicht einmal Schulmeister zu seyn. “ Da haben wir also das grosse Kirchenlicht, welches da die ganze Welt erleuchten will, und ganz gewiß kannte der nun selige Fürstbischof seinen Mann, welchen er, bevor er Pfarrer zu Probstorf worden, geraume Zeit vorher zum Pfarrer zu Schörfling gemacht hat, wann er ihn schon damal vielleicht noch nicht genug gekannt haben mag. Dieß ist nur so ein kleiner Abriß eines grossen Bildes, welchen ich von darum gemacht habe, weil ich dafür halte, daß dieser Kirchenzeitungsschreiber ein vorzügliches Glied von der Kette der Predigerkritiker sey, und Sie vielleicht Muth haben dürften, mit ihrer Schleuder auch gegen einen seyn wollenden Goliath loszugehen, nachdem Sie schon Löwen, und Bären besieget, und einen guten Kampf gekämpfet haben.

Möchten Sie doch derley Leuten, welche von den Aposteln und Propheten vielleicht als

Otter-

Ottergezücht gescholten würden, zum Schwei=
gen bringen, welch wichtigen Dienst thäten
Sie der Religion leisten; allein von Kirchen=
zeitungsschreibern und Religionskritikern ist, ei=
ne so grosse Veränderung nicht wohl zu ver=
muthen. Ein Saulus wird hier nie Paulus wer=
den, und wenn diese Herren auch Balaams Esel
reiten sollten, so werden sie ihn dennoch so lange
antreiben, bis ein Höherer sie selbst mit dem
Schwerd darniederschlägt. Bevor lassen sie ihren
schmutzigen Gewinn nicht fahren; besonders weil
sie in ihren Unternehmungen noch dazu auf das
thätigste unterstützet werden: denn es ist zu vie=
len daran gelegen, unter den Katholiken Lauig=
keit, Wankelmuth, dann Irrungen zu verbreiten,
und die Grundfesten ihrer Religion zu untergra=
ben; welches sie nicht besser bewirken können,
als durch Schriften, so unsere Glaubens= dann
Sittenlehren, unsere gottesdienstlichen Gebräuche,
wie die Worte und Werke der Gesalbten desHerrn
durch die Hächel ziehen. Alles, was Sie durch
Ihre mühsame Arbeit und vortrefliche Werke wer=
den zuwege bringen können, dürfte dieses seyn:
daß wahre Katholiken, dann andere Rechtschaffe=
ne, fürs Künftige derley Blättchen verabscheuen,
nicht mehr kaufen, nicht mehr lesen, folglich
nicht mehr werden irre gemacht werden: und auch
dieses ist schon Verdienst genug. Lassen wir

nach=

nachhin den Scheinkatholiken, den Frey- und Irrgläubigen gleichwohl noch einige Zeit das Vergnügen, diese Blätchen in ihren Händen zu sehen, und allenfalls zu beklatschen: sie werden solche dereinst selbst verachten, anmit aber ihren gänzlichen Verfall veranlassen: in Ersehung dessen, daß sie andurch ihre Absichten ohnehin nicht erreichen mögen. Die Katholiken, unsere geliebten Brüder im Herrn, gegen diesen Sauerteige zu bewahren: eine hohe Obrigkeit aber, welche von diesen in vielerley Betrachte nachtheiligen Schriften kaum etwas zu wissen scheint, hierauf aufmerksam zu machen: und den Verfassern der so unglücklich eingeschlichenen Religions- Gottesdiensts- dann Predigerkritik ihren gräulichen Unfug, und mehr als schlechtes Betragen zu zeigen: unterfange ich mich hier einige nachfolgende, vielleicht nicht ganz unwichtige Bemerkungen beyzufügen; vielleicht dienen sie Ihnen statt etwelcher Waffen, wann Sie wiederum gegen diese unberuffene, bloß eingedrungene, doch seyn wollende Lehrer, die man lieber Verführer nennen sollte, zu Felde ziehen; um dieselben ganz zu entwafnen, dann stumm zu machen.

Die Gnade unsers Herrn Jesu Christi sey mit Ihrem Geiste. Amen.

Leute,

Leute, die sich selbst als Gelehrte ausposaunen, scheinen entweder Dummköpfe, oder Be-
trüger zu seyn; der wahre Gelehrte, wird, und
kann dies nie thun, er handelte gegen alle Be-
scheidenheit; und weiß es zu gut, daß er die
Gelehrtsamkeit nur durch seine Werke erweisen,
nicht aber den Leuten dies Wort unter die Nase
reiben müsse. Wenn jemand liest: Eine Gesellschaft Gelehrter! muß ihm nicht nothwen-
dig der Gedanken entfahren? Eine Gesellschaft
— — ! In der Bibel werden derley Selbstlo-
ber mit dem gelindesten Ausdrucke Heuchler ge-
nennet: was aber von diesen zu halten, wissen
alle. Was würde man sich von einem Menschen gedenken, welcher sich selbst als Heilig
ausriefe? Was von einer Gesellschaft Unbekann-
ter, welche sageten : Wir sind ehrliche Leute, lassen sie uns in ihr Haus hinein, wir
wollen es ihnen besser, vernünftiger einrich-
ten? Wäre der Hauswirth wohl zu verdenken,
wenn er eine solche sich selbst verdächtig machen-
de Gesellschaft mit Gewalt fortjagen liesse? —
Paulus der grosse Weltapostel (welchen man
doch für einen gültigen Zeugen erkennen wird)
sagt in der Epistel an die Römer im 1. K. 22. V.
Da sie sich für Weise ausgaben, sind sie zu
Narren geworden. Wie ist es nun wohl möglich,
daß wir solcher Leute Schriften lesen, und uns
durch

durch elende Kirchenzeitungen, dann Prediger-
kritiken bethören laſſen? — Weg demnach mit
dieſem Quark: man verwende dieſes Geld dafür lieber auf vernünftige, oder Gott gefällige
Bücher; und für die Armen; da haben wir ein
wahrhaft gutes Werk gethan. —

Aber wer ſind denn dieſe Herren? Sind
ſie ihnen meine Leſer bekannt? Kennen ſie mehrere hiervon? Nein ſagen ſie, wir kennen ſie
nicht, ſie müſſen ſich verborgen in einem Hin-
terhalte aufhalten. Wie mögen ſie alſo ſolchen
Menſchen das koſtbareſte Pfand ihres Glaubens anvertrauen? wie ſich von ihnen belehren
laſſen? wie ihnen folgen? — Dies geſchieht
faſt immer, wenn jemand der Leſung ſolcher
Schriften anhängt: denn unſer empfindſames
Herz iſt jedes Eindruckes fähig: unſer Geiſt iſt
ſchwach, und unſere verderbte Natur läßt ſich
deſto eher irre führen, je blendender die Lockun-
gen ſind; beſonders wenn das Gift vom Ho-
nig, und die Dörner von Roſen verhüllet werden. Haben ſie aber auch Luſt dieſe Herren
auch nur etwas weniges kennen zu lernen? —
Vormals kannte ich ſie alle; allein ſie haben
ſich ſelbſt untereinander entzweyet, und ſind
zum Theil zerſtreuet worden: die meiſten waren junge, ungebartete, nicht zum beſten ſtu-
dirte,

dirte, dazumal noch nicht gebohrne Leute, als
viele unserer Volkslehrer schon Doktoren wa=
ren. Nun diese wollen sie von den Kirchenkan=
zeln herab mustern, sich dafür hinaufstellen,
und schreyen auf jene, welche schon längere Zeit
predigen, als die Kritiker Jahre zählen, mit
der dreustesten Mine: So müsset ihr euch ge=
bärden: so eure Reden einkleiden: so dieselbe
abtheilen: so die Schrifttexte auslegen: so das
Volk lehren ꝛc. — wie unverschämt! — Oder
könnten es diese Herren vielleicht nach der Grös=
se ihrer Gelehrtsamkeit billigen, wenn ein Schnei=
derlehrbub seinen Meister zurufte: So muß
der Meister die Maaße nehmen: so die Elle
richten: so zeichnen: so zuschneiden: so nähen ꝛc.
— wer müßte einen solch aufgedunsenen tollküh=
nen Purschen, wenn er auch ein Gesell wäre,
nicht verachten? — Aber sie meine Herren Kri=
tiker müssen seine vermessene Kritik gut heissen,
oder es ist mit der ihrigen geschehen: denn dies
Gleichniß ist treffend. Gleichwie nun dieserwe=
gen: daß der unverschämte Lehrbub seinen Herrn
tadeln, und lehren will, kein vernünftiger Mensch
dem Meister die Arbeit entziehen, und sich da=
für an den Buben halten wird: so dächte ich,
sollte man es auch in Rücksicht unsers Gegen=
standes machen, und derley falsch belehrende,
schmähende, verläumderische Blätter schlecht=
weg verachten.   Meh=

Mehrere dieſer Herren haben eben nicht
ſehr viele Schulen durchlaufen, und vielleicht
auch dieſe mit einem hinkenden Fortgange :
wenn nun auch einige aus ſelben Hauslehrer,
andere Abſchreiber in Privatſchreibſtuben geworden, oder mit Schmierereyen ihren hungerigen
Magen befriedigen ; durch alles dieſes ſind ſie
noch nicht Weiſe, am wenigſten aber Theologen
geworden ; und dieſes iſt doch unumgänglich
nöthig, weil ſie Theologen kritiſiren wollen,
zugleich auch die Religion, ihre Gebräuche, die
Kirchengebäude, Altáre, Bilder, Statuen,
die Muſterung paſſiren laſſen. Heißt es
nicht eben ſo viel, als wenn ein unverſtändiger
Schuſter den kunſterfahrnen Maler belehren,
oder der Blinde von den Farben Unterrichte geben wollte.

Es befinden ſich zwar auch einige Geiſtliche bey ihrer Geſellſchaft. — Hier möchte ich
lieber die Feder beyſeite legen, als ſchreiben;
und blos gedenken : unter den zwölfen ſelbſt
von Gott gewählten Apoſteln war ein Iſchka-
riot. Das bloſſe Wort Geiſtlicher faßt gewiß
das wenigſte in ſich ; kennen ſie keine Geiſtli-
chen, welche nur elende Kanoniſten, und Mo-
raliſten: überhaupt ſchlechte unwiſſende Theologen ſind ? deren Wandel wenig erbaulich, deren

ren Lehre neu, und anstößig, oft irrig ist? ken=
nen sie keine solche Geistlichen, welche ihrem
Herrn, und Meister, das ist ihrem geistlichen
Vorgesetzten nicht zum Jünger, sondern zum
schändlichen Verräther geworden sind? welche
selbst ihre höchste geistliche Obrigkeit schmähen,
und durch ihre schreibbrüstige Hände der Reli=
gion, und den Sitten, nachtheilige Blätter aus=
streuen? ich kenne welche, und mir scheint, auch die
Herren Kritiker kennen einige. Was haben wir aber
von einer solch zusammengeketteten Gesellschaft
wohl zu erwarten? Ich darf es nicht erst be=
weisen: denn ihre ärgerlichen, ehrabschneideri=
schen, lügenhaften, religionswidrigen, oft got=
tesräuberischen Schriften haben es schon bewie=
sen: und wer solche noch des Lesens würdig
achten kann, der mag es wissen.

Aber woher haben sie denn ihre Sendung meine
Herren? wenn sie mir doch eine so unschuldige, als
wichtige Frage erlauben wollen (denn selbst die
heiligen Aposteln nahmen sich die Freyheit, sol=
che gegen einige Afterlehrer aufzuwerfen:) Ha=
ben sie etwa ihre Sendung von Gott? sind sie
wirklich wahre Nachfolger der Aposteln? Allein:
dies wird man schwerlich durch eine mehr denn
tollhauswürdige Antwort bejahen. Haben sie
also diese von ihrer hohen geistlichen Obrigkeit?
Unmöglich; sie trauert vielmehr über solche Kin=
der,

der, welche pflichtvergeſſen, und boshaft genug
ſind, ſie abwürdigen, ihres Schmuckes berauben,
verunſtalten, ja beynahe vernichten zu wollen.
Sie weinet die gerechteſten Thränen des Schmer-
zens: daß unheilige Kinder ihre in Chriſto ge-
liebteſte Braut antaſten , ſie ihrer Zierde
entblöſſen, und verſtümmeln; ihre Sitten, alt
hergebrachten Ceremonien, Gebräuche, und Religion tadeln.

Vielleicht ſind ſie zum wenigſten von der
weltlichen Obrigkeit zu dieſem ihrem auszuüben-
den Amte geſendet? — Weiſen ſie alſo her ihre
Dekrete, oder Freyheitsbriefe; — Wie, ſie haben keine ? aber wenn ſie auch welche hätten,
ſtünde wohl in ſolchen enthalten : daß ſie die
herrſchende Religion entehren, und ſchwächen :
die wahrhaft zum Evangelium abgeſönderten
Volkslehrer verhöhnen, verdächtig machen, ſie
verläumden, und durch Ehrabſchneiden ver-
kleinern ſollen ? dies kann ihnen keine Obrigkeit
geſtatten, weil ſie an andern derley Laſter be-
ſtrafet; mithin ſie bey ihnen um ſo weniger billig
finden kann, da ſie ſich wider die Kirche, und
derſelben Diener vergreifen.

Wir haben Beiſpiele, daß in verſchiedenen Ländern ſchon manche gewiß glimpflichere
und

und minder nachtheilige Schriften auf dem
Richtplatze durch die Hände der Scharfrichter
verbrannt worden sind: und wer weiß es, was
unsern Religions= und Staats schädlichen Blät=
tern dereinst noch für Ehre wiederfährt, wenn
der Unfug sich noch mehrers aufdecken sollte.

___ ___ ___ ___ ___ ___ ___ ___ ___

Wachen sie auf, meine Herren! wachen sie auf!
und betrachten sie, wie übel jene daran sind,
die solche Dinge schreiben, und lesen.

Nun erlauben sie mir noch eine Frage.
In was Absichten schreiben sie dann? Um einen
schmutzigen Gewinn zu erhalten? Diesen könn=
ten sie noch weit leichter in andern Wegen er=
langen, als durch die verschrienen Zeitungs=
dann Kritikblätter; es giebt unzählige andere
Gegenstände über die sich, anstatt zum Nach=
theile der Religion, dafür, mit anzuhoffender
Frucht schreiben liesse. Warum haben sie nicht
lieber jene Schandschriften widerlegt, (welche
nur die Hölle scheint ausgebrütet zu haben) wel=
che gegen das allerhöchste geistliche Oberhaupt,
den Staathalter Christi sowohl, als gegen unsern
würdigsten, allen Erzbischöfen und Bischöfen
zum Muster dienenden Hohenpriester erschienen?
warum schreiben sie nicht gegen jene, die den
von der Kirche eingeführten Coelibat als einzel=
ne Personen umstossen wollen, aber dafür wa=

b .   der

cker ausgezischet werden? warum nicht gegen solche Neuerer, welche den Ablaß, und unter diesen vorzüglich den Portiunkula Ablaß
angreifen? welche die Güte, und Zuläßigkeit
einer theologischen Toleranz behaupten, oder
die Gott gemachte Gelübde, so schlechterdings
wollen verschwinden machen? Warum schreiben
sie nicht über solche, die sich zu ihrer eigenen
untilgbaren Schande über die Ohrenbeicht, über
die Herz Jesu Andacht, über die Messe, dann
derselben Anwendung aufgelehnt haben? Einige aus ihnen sind auch der Sprachen kündig;
warum übersetzen sie nicht lieber gute, nützliche
Werke in unsere Muttersprache, gleichwie sich
Herr Wittola lange damit beholfen, und sich
andurch aus seinem Nichts erschwungen hat? ---
Schämen sie sich aber zu gestehen, daß sie eines
elenden Gewinns halber solch erbärmliches
Zeug schreiben, so geschiehts vielleicht um etwas tadeln zu mögen? welche Tadelsucht aber
eines Christens unwürdig ist; es sey dann,
daß der Gegenstand solches wirklich erfodere,
und der Tadel zu einem ungezweifelten Nutzen
gereiche; welches aber weder bey der Kirchenzeitung, noch bey ihren seyn sollenden Kritiken
zutrift; wie es sich Sonnenklar zeiget. Es
sind erst tadelnswürdige Schriften genug ange-
zeiget worden. Fodern sie aber noch mehrere
Ge-

Gegenſtände von mir, ſo machen ſie ſich über
des Wittola Uiberſetzung des alten und neuen
Teſtaments des Meſſengut aus dem Franzöſi⸗
ſchen; welches Werk wohl in keine unglückli⸗
chere Hände hätte gerathen können. Hier werden
ſie die gröbſten Schnitzer genug finden, die er⸗
bärmlichſten Redensarten werden ihnen Hun⸗
dertweiſe auffallen; wo ſie ſonſt ſchon eine rech⸗
te Herzenswonne fühlen bey einem Prediger
auch nur eine einzige zu haſchen; ja dieſe noch
meiſtens durch Verhunzung ihrer Worte und
Sätze ſelbſt erdichten. — Wollen ſie ſchlechte, pö⸗
belhafte Wörter auffpüren? ſo können ſie aus die⸗
ſem ſeinen überſetzten Werke ein ganzes Wort⸗
regiſter verfaſſen. Sie werden nicht umhin
können, ihm den unverzeihlichen Fehler vorzu⸗
werfen, daß er damal ganz anderſt geſchrieben
habe, als er itzt ſchreibt, und thut; welches
aber beſonders bey Auslegung der heiligen
Schrift nicht ſeyn ſollte. Weiters, daß er im
ganzen Werke mit keinem Worte ſage : daß der
Verfaſſer Herr Meſſengui ſey ; — wenn nun
dieſes erſt aus der hochmüthigen Abſicht geſche⸗
hen iſt, damit die Leſer glauben ſollen, daß er
ſelbſt der Verfaſſer im Franzöſiſchen, und zu⸗
gleich auch der Uiberſetzer ſey : ſo hat ihr Vor⸗
wurf das Verdienſt, einen angemaßten riſen⸗
mäßigen Hochmuth in etwas zu demüthigen.

Die⸗

Dieses würde um so auffallender geschehen, als er den würdigen Exjesuiten Wurz (mit dem er sich fast in keinerley Betracht in Vergleichung stellen konnte) wie ein wüthender Wolf anfiele, als dieser der grossen verklärten Kaiserin Theresia eine Trauerrede zinsete. — Hieher gehört auch, wenn sich Herr Wittola in einigen sehr übel gerathenen Brochüren den österreichischen Pfarrer nennt, und manchmal das Wort Katholisch darzu setzt; welches zwar einerseits in so weit gut war, weil sonst mancher Leser hätte zweiflen können, ob der Verfasser wirklich ein Katholik sey; anderseits aber einen lächerlichen Ehrgeiz verräth: gleichsam als hätte er nur allein geschrieben; da doch auch noch andere Dorfpfarrer, auch Vikarien, und manche so schlecht als er, schrieben, wie wir in den Piecen des Herrn Huebers, dann einiger anderer gesehen haben. Sehen Sie nun, welchen Stoff von Folianten man hätte wählen können, wenn Ihnen eine so unwiderstehliche Lust zum Tadeln angewandelt hat.

Allein vielleicht haben Sie weder Geld erwerben, noch tadeln wollen, sondern den höhnischen Vorsatz gefaßt: die Bischöfe, die von selben geordneten Prediger, und das Volk nach einer nagelneuen Methode zu lehren? Jedoch wir

haben

haben kurz vorher gesehen, daß Sie Niemand
zu lehren bestellet habe. — Sie sind also nicht
gesandte, nur eingedrungene Lehrer, welche nicht
durch die Thüre eingehen; und welchen Lobspruch
giebt wohl die heilige Schrift bey Joh. 10 Kap.
derley Leuten, da sie solche Diebe und Mörder
nennet? — Auch möchte ich wissen, in welchem
Lande der grossen Welt es üblich sey, daß der
Lehrjünger den Meister; der Unerfahrne den
Gelehrten; einer, der nicht fähig ist eine Predigt zu halten, den Prediger, ja selbst den Bi-
schof, lehre, und gegen seine höchste geistliche
Obrigkeit sich auflehne? — Wenn sie doch Fehler zu finden vermeinen (denn Leuten, die Bal-
ken in ihren Augen tragen, mag es wohl so
scheinen, als seheten sie Splitter in dem Auge
eines anderen) so bringen sie dies zu Papier,
und zeigen es bey Behörden an : mehr erlaubt
ihnen das Christenthum, und die Bibel nicht.
Paulus sagt in der 1. Epist. an Tim. 5.K.19.B.
Nimm wider einen Priester keine Klage an,
es sey denn unter zween, oder drey Zeugen.

Sie werden ohne Zweifel glauben, daß wie
alle weltlichen Regierungsverfassungen , also
auch die unsere ihre Fehler und Gebrechen habe. — mangelhafte Verordnungen finden, welche statt der gedrückten, oder gesagten Predig-

b 3 ten

ten gelten. Sie werden wahrnehmen, daß die
Herren Referenten, Hof = und geheime Räthe
nicht immer am besten einrathen, ja der Mo=
narch selbst, weil er wie seine Räthe dabey den=
noch ein Mensch bleibt, manchem Irrthume un=
terworfen sey: werden sie nun so tollkühn seyn,
in öffentlichen Blättern wider die Regierung,
wider die Diener der Regierung, wider das
weltliche Oberhaupt zu schmähen, die höchsten
Verordnungen zu kritisiren, denselben allerhand
Wendungen, und Verdrehungen zu geben, selbe
bey dem Volke verdächtig zu machen, und an=
durch abzuwürdigen? Ich gedenke: sie werden
dies nicht thun; und thäten sie es, so würde
man ihnen das Handwerk bald einstellen. Nach=
dem nun dies in Rucksicht einer Monarchie nicht
angienge, wie können sie wohl die Hierarchie,
die geistliche Regierung, welche doch über die
weltliche erhaben, auch weit unfehlbarer als
diese ist, so dreust angreifen? wie, die von
Gott gesetzten Oberhirten, die von ihnen aus=
gesandten Minister und Lehrer, ja überhaupt
die Diener der Religion, dann ihre Predigten,
wie noch vieles anderes, antasten? ja noch dar=
zu durch Verläumdungen, und Unwahrheiten
in üblen Ruf zu bringen, andurch aber das
Volk in der Religion lau, oder wohl gar irrig
zu machen, suchen? Unmöglich läßt sich ein solch

ver=

verwegenes Unternehmen unter dem Deckman-
tel einer guten Absicht beschönigen: und eben
nicht wohl begreifen, wie ein gesitteter katho-
lischer Staat einen solchen Unfug gedulden
möge.

So zeigen sie uns nur den Protestanten,
den Reformirten, den mit unserer Kirche vereinigten, oder nicht vereinigten Griechen, den
Juden, den Helden, welcher so unverschämt
wäre, gegen seine Religion, ihre Gebräuche,
und Ceremonien, gegen ihre Bethhäuser, gegen
ihre Vorsteher und Lehrer zu schreiben; sie haben mehr Verstand, mehr Menschenliebe, mehr
Religion, als daß sie ein solches, unternehmen
sollten. Wir finden keine derley Kritik, keine
guten theils erdichtete, und erlogene Kirchenzeitung von ihnen; wäre aber auch jemand nie-
derträchtig genug, solchen Quark öffentlich aus-
zugeben, so würden ihn sammentliche Glau-
bensverwandte für keinen Mitgenossenen, sondern für einen öffentlichen Glaubensgegner, für
einen abtrünnigen, und nichtswürdigen Ab-
schaum halten; sie würden seine Blätter nicht
kaufen, nicht lesen; dafür aber mit gebühren-
dem Abscheu, und äusserster Verachtung ansehen. Man beliebe nun die Schlußfolge auf diejenigen noch unzulässigeren Wische zu ziehen,

wel-

welche dies, und noch mehr, gegen die ächte
herrschende Religion vornehmen, und das rein=
ste weisse Kleid der göttlichen Braut mit Un=
flatt bewerfen.

Wäre die Religion nichts mehrers als ei=
ne der ersten, und stärksten Stützen des Staates,
so sollte dieselbe schon darum als ein wahres
Heiligthum auch gegen jeden Schein eines An=
griffes sicher gestellet seyn; denn es ist eine in
der Erfahrung gegründete Wahrheit, daß der
Aufnahm der Religion zugleich zum Auf=
nahme des Staates gereiche: wie der Verfall
derselben auch schon vielmal den Verfall der
Länder nach sich gezogen hat. Daß aber die
Religion Zweifels ohne durch die oft gesagten
gemeinschädlichen Schriften bey uns wirklich
schon in tiefen Verfall gerathe: dessen kann sich
jeder durch seine Augen überzeugen; denn die=
ser Verfall ist gar zu sichtbar, beym ersten Au=
genblicke auffallend, handgreiflich; die, gegen
vorhin in beträchtlicher Anzahl verminderten
Kirchen, sollten nun ungleich stärker besetzet seyn:
sie sind aber dafür gleichsam öde; viele tausen=
de versaumen die Messe, und oftmals müssen sie
dieselben versaumen; welches sich auch von den
kaum mehr zur Lehre, sondern zum kritisiren
dienenden Predigten sagen läßt; desgleichen
wer=

werden auch die Sakramenten viel mehr als ehe=
vor vernachläſſiget. Man erwäge nur dieſes
einzige, daß ungeachtet der ſtark vermehrten
Volksmenge ſtatt zwanzig Meßalmoſen nun
kaum eines eingehe; woher eine ſo ſchnelle Ver=
änderung? Die Verbrechen ungeachtet der vor=
hin unbekannt geweſten, und allerſchärfeſten
Beſtrafungen mehren ſich dem ungeachtet ſchreck=
lich; wo beruhet aber wohl die Urſache? an
der weltlichen Gerichtsbarkeit gewiß nicht, nach=
dem unſere vortreflichen Polizeyanſtalten auf
das höchſte geſtiegen ſind; es liegt alſo dieſe
leidige Urſache in dem Verfall der Religion.

— — — — — — — —
— — — — — — — —

Es beſtehen auch noch bis dieſe Stunde
in jedem Staate Strafgeſetze gegen Verläumder
und Ehrabſchneider: werden dieſe ſchwarzen
Laſter noch darzu mit Erdichtungen, und Lü=
gen verunſtaltet, ſo ſind die Verbrechen auch
deſto gröſſer: — — — — — — — —
— — — daß aber die Predigerkritik, und
die Kirchenzeitung, nebſt verſchiedenen Brochü=
ren viele derley einem Verfaſſer zur unauslöſch=
lichen Schande gereichende Dinge enthalte, deſ=
ſen überzeugen ſie die eigenen von ihnen ausge=

heg=

hegten Blätter, und sind zugleich die öffentlichen Ankläger, welche rufen und schreyen: Ihr
Richter, diese Schriftler handeln gegen alle
natürliche, weltliche, dann geistliche, ja selbst
göttliche Gesetze, könnt ihr es billigen? Müsset ihr dieselben nicht vielmehr als Verbrecher,
selbst als Staatsverbrecher ansehen, da sie mit
der Religion zugleich den Staat untergraben.

Daß aber alles dieses, was in gegenwärtiger
Schrift gesagt wird, gegründet sey, hierüber
nehme ich nicht nur diejenigen so gründlichen
als gelehrten Schriften zu Zeugen, welche gegen
Herrn Wittola , und die Kritiker über Prediger, Religion, dann Gottesdienst erschienen
sind, sondern auch die wahrhaft hochgelehrten
Männer, die fast insgesamt Doktoren der hohen Schulen sind : als einen berühmten Fast,
Pergens (Spenger) Schneller, Mazzloll, Poch-
lin, Merz, Weissenbach, selbst den in Gott ru-
henden Probst Parhamer , Schwickart , und
noch hundert andere, deren jeder auch nur ein-
zeln genommen, schon ohne Vergleich weit ge-
wichtiger ist, als die ganze geist - und weltliche schreibselige Gesellschaft, die sich die gelehrte nennet, aber diesen Lobspruch von keiner
vernünftigen Seele erhält.

Schon

Schon dieses muß in einem ächten Katholiken Eckel und Grauen erregen, wenn er nur
gedenkt: daß eine Kritik vorhanden, über —
— — — — den Gottesdienst, und die
Volkslehrer! Denn es ist aus dem bereits an-
geführten ganz klar: wienach ein solches Unternehmen höchst vermessen, höchst ärgerlich, und
höchst gefährlich sey. Wer ist wohl fähig zu behaupten: daß ein Prediger Frucht und Nutzen
schaffen werde, wenn er bey dem Volke in keinem Vertrauen steht? nun dieses Vertrauen
sucht man ihm zu entziehen, wenn seine Gebär-
den, seine Worte, sein Vortrag, seine Lehren
getadelt werden: er ist also ausser Stande, die-
jenige Absicht zu erreichen, welche sich die Kirche und der Staat zum Ziele gesetzet hat: näm-
lich wohl gesittete, in der Religion gut unter-
richtete Bürger zu ziehen. — Die Vermessen-
heit wird aber um so unverantwortlicher und
ärgerlicher, wenn dies nicht auf dem geraden
Wege durch Gründe und Wahrheit geschieht,
sondern durch Wendungen, Verdrehungen, Sach-
That- Text- und Wortverfälschungen, Verläumdungen, dann Lügen errungen werden will: dessen ich schon öfters durch diejenigen Prediger,
die gemustert worden sind, mündlich, und
schriftlich überzeugt worden bin. Die Prediger,
und andere mögen es sich also in der That zur
Ehre

Ehre rechnen, durch diese und gewisse Zeitungs=
blätter getadelt zu werden: gleichwie es meh=
rern oftmals Schande ist, ihr Lob zu erhalten.

Wer die von einem Freunde der Aufflärung
verfaßte Gegenkritik mit dem nachgefolgten Stü=
cke gelesen hat, der wird eine Menge der un=
umstößlichsten Beweisen gefunden haben, wie
unredlich diese Herren in ihren kritischen Blät=
tern verfahren, wie wenig sie dazu berechtiget
sind, wie irrig sie uns unterrichten, und wie
gefährlich derley Schriften seyn müssen. Alles
dieses wurde noch durch viele Texte aus der
heiligen Schrift, und der Vätern bestärket. Ich
nehme mir die Freyheit zum Ulberflusse noch ei=
nige wenige hier einzurücken: doch nur so, wie
sie mir geschwind in das Gedächtniß kommen,
denn es lohnte der edlen Zeit und Mühe nicht,
vielen Fleiß darauf zu wenden; daher ist auch
dieß ganze Werkchen nur mit flüchtiger Feder
dahin geschrieben, andere Schriftsteller haben
die elenden Kritik= und Zeitungsblättchen ohne=
hin schon genug gedemüthiget. Der Weltapostel
sagt in dem Sendschreiben an die Römer gleich
zum Eingange: „ Paulus, ein Diener Jesu
„ Christi; ein beruffener Apostel, abgeson=
„ dert zum Evangelium Gottes. " Er bewei=
set mit diesen Worten vor allen andern sein Recht,

den

den Chriſten Lehren vorzuſchreiben. Können Sie
uns dieſes auch beweiſen? Es ſcheint, man wird
ſolchen Beweis wohl ewig ſchuldig bleiben. —
Ein Diener Jeſu Chriſti kann nicht, die von
unſerm Herrn und Meiſter eingeſetzte Religion
nach ſeinem Eigendünkel neu ummodeln. Jener,
welcher die geſalbten und geſandten Volkslehrer
verhöhnet, und ihre Lehre zweifelhaft, oder
verdächtig macht, kann nichts von einem beruf-
fenen Apoſtel, oder derſelben Nachfolger an
ſich haben; und wie können ſich weltliche, un-
theologiſche, oder auch geiſtliche, die nicht dazu
befugt, rühmen: daß ſie abgeſondert ſeyen zum
Evangelium Gottes? Sie können ſich dazu nicht ausweiſen, mithin haben Sie auch kein
Recht, dem Publikum, und was noch ärgerlicher iſt, dem Volkslehrer und Biſchof Lehren
vorzuſchreiben. In eben dieſem erſten Kap. 25. V.
heißt es ganz treffend: „Sie haben die Wahr-
„heit Gottes in Lügen verwandelt, und
„vielmehr das Geſchöpf als den Schöpfer
„geehret.“ An Timotheus in der 1. Epiſtel
1. K. 3. V. ſchreibt Paulus: „Daß er den
„Timotheum gebeten habe, zu Epheſus zu blei-
„ben, damit er etlichen gebiete, nichts an-
„ders zu lehren.“ Sie aber, meine Herren,
laſſen ſich nichts gebiethen, ſie lehren anders,
und noch dazu die Prediger, dann Kirchenvor-
ſteher

ſtehet ſelbſt. — Eben allda heißt es 5. 6. 7. V. „ Das Ende des Gebotes iſt die Liebe aus „ einem reinen Herzen, aus einem guten Ge= „ wiſſen, unverſtellten Glauben. Von wel= „ chem etliche abgewichen ſind, und ſich auf „ unnützes Geſchwätz gewendet haben. Dieſe „ wollen Lehrer des Geſetzes ſeyn, und ver= „ ſtehen doch nicht, was ſie ſagen, noch was „ ſie bejahen. “ Welches Bild kann Ihnen ähnlicher ſeyn als dieſes! Ja, der Apoſtel wür= de derley mit ſo vielen Verläumdungen aufzie= hende, folglich gewiſſenloſe Kritiker vielleicht wohl gar dem Satan übergeben haben, wie ſich aus der 1. an Tim. 1. K. 19. 20. V. ſchlieſ= ſen läßt. „ Nachdem etliche dieſes (Gewiſ= „ ſen) verworfen, hatten ſie in dem Glau= „ ben Schifbruch gelitten: Aus dieſen ſind „ Hymenäus und Alexander, die ich dem Sa= „ tan übergeben habe, damit ſie ſich der Got= „ tesläſterungen enthalten lernen. „ Eben dieſes thut auch auf gewiſſe Art die Kirche, welche viele ihrer ungerathenen Kinder, ſie ſey= en hohen, oder niedern Standes, geiſtlich oder weltlich mit ihrer Bannruthe züchtiget, verflu= chet und verdammet: welches Strafurtheil öf= fentlich zu fällen, nur ſelten vonnöthen ſeyn will, indem ſelbes für denjenigen Augenblick ſchon ausgeſprochen, und gefället iſt, in wel=

cher

cher die von der Kirche verabscheute, und schon
vorläufig mit den Bannstrahlen belegte That be-
gangen wird. — Möchten doch dieses einige,
besonders auch gewisse Schriftverfasser zu Ge-
müthe nehmen : wenn sie anderst noch einen
Funken wahrer Religion im Herzen, und nicht
blos im Munde, oder auf dem geduldigen Pa-
piere haben !

Was Wunder demnach, wenn derley Blätter bey den gelehrtesten, rechtschaffensten, und
frommen Katholiken in äusserster Verachtung
stehen, wenn selbe im Verhältnisse der erstaun-
lichen Volksmenge so wenig gelesen werden, und
dies meistens nur um zu sehen, was für Unkraut
der Feind unter den guten Weitzen gesäet habe,
mithin aus blosser Neugierde oder Unterhaltung:
und so, wie das Publikum auch gewisse andere Schriften gelesen, dann ausgepfiffen hat,
von welchen es schon zum voraus wußte, wes-
sen Geistes Kinder sie seyen. Sollten wir erst
diejenigen Zuträger kennen, aus deren zusam-
men geraften Wust die Kirchenzeitung und Kritik scheint zusammgestoppelt zu seyn, so würde
uns gewiß schon hierob vielmal grauen. — —
Weiters ist ja bekannt, daß einige aus der seyn
wollenden Gesellschaft die schlechtesten Schriften veranlasset, andurch aber sich übel genug
aus

ausgezeichnet haben; andere Leute aber wäh-
nen: diese Gesellschaft wäre ein Klub von Epi-
kuräern, Stoikern, Freygeistern, Religions-
spöttern, Neukirchlern; sie wären Schüler eines Rousseau, eines Voltairs, dann anderer
Schwärmern und Irrlichtern: deren Aase nicht
einmal eine geweihte Erde nach ihrem Tode ver-
gönnet wurde, oder gebührte; so ist es wahrhaftig kein Wunder, daß ihre Blätter nicht
zahlreicher in katholische Hände gelangen. Sind
selbe aber desto häufiger in den Händen der
Protestanten und Reformirten, oder der Freygeistern und Atheisten, erhalten sie noch darzu
ihr Lob? O! so ist dies gewiß dasjenige, was
selbe am meisten vor der ganzen katholischen
Welt verdächtig machen, und abwürdigen muß.

Wem aus den Rechtglaubigen fällt nicht
bey Lesung ihrer Schriften der ganz natürliche
Gedanken auf: Entweder sind die Verfasser,
Kinder unserer Mutter der christkatholischen Kirche, oder sie sind keine Kinder dieser Mutter?
Im letzten Falle können wir selbe nicht hören,
wir müssen ihre Lehren als Fallstricke des Sa-
tans ansehen, ihre Kritiken ganz und gar mei-
den, sie mögen noch so blendend und anziehend
in romanhafter Schreibart eingekleidet seyn.
Auch der Teufel, wie wir bey Matth. im 4

Kap.

Kap. lesen, als er so kühn war, so gar Chri-
stum den Herrn zu versuchen, bediente er sich der
besten Zeit und Gelegenheit; er erschien gewiß
nicht in teuflischer Gestalt, sondern kleidete sich
in eine andere ein; er kam, als der Heiland
schon vierzig Täge und Nächte gefastet hatte:
damal als ihn hungerte, fand er es am schick-
lichsten ihn zu verführen, und zu sagen: Er
solle aus diesen Steinen Brod machen. Ja es
sieht sogar grossen Wundern ähnlich, daß er
Jesum auf die Zinne des Tempels, wie auf
einen hohen Berg führte, ihm die ganze Welt,
und alle derselben Herrlichkeiten zeigte, auch
versprach: Alles dieses will ich dir geben,
wenn du niederfällst, und mich anbetest. Welch
schöne anlockende, durch Wunder ähnliche Tha-
ten aufgestützte Worte? welch mächtige Verspre-
chungen für eine so einladende Leichtigkeit sich
nieder zu lassen, und anzubeten? Aber dem
ungeachtet, waren selbe anders nichts als bloße
Teufelslisten, welchen vielleicht eder anderer
als der Heiland, würde unterlegen seyn; und
welche uns zum Lehrstücke dienen: daß wir auch
den zierlichsten, einnehmendsten, und wie es oft
scheint, auch überzeugendsten Schriften nicht
glauben, nicht beyfallen sollen, wenn selbe auf
die Religion, ihre Lehre, Sitten, und Kir-
chengebräuche einen Bezug haben, jedoch von

c   Irr-

Irrgläubigen herrühren, von der geistlichen
Obrigkeit aber nicht gut geheissen, oder gar verworfen sind.

Sind aber unsere Herren Kritiker, oder
wenigstens mehrere aus ihnen nicht dem blossen Schein, oder nur dem Namen nach Katholiken: mögen wir ihnen dann wohl beyfallen, ihnen glauben? Mich gedungt es nicht;
denn Christus sagt ihnen bey Matth. im 18 K.
nicht: Schreibet, lehret die Kirche, tadelt öffentlich ihre Ober- und Unterhirten, machet
Ausstellungen über alles, was euch ehrwürdig
und heilig seyn soll; nein! so sagt der göttliche Lehrmeister nicht, sondern er spricht: Ihr
müßt die Kirche hören, oder ihr seyd Heiden und Publikanen. Dieses letzten Vorwurfs
machen sich die Herren Kritiker nicht nur durch
ihre Blättchen schuldig, sondern einige aus
ihnen auch andurch, daß man selbe die Bet-
häuser anderer Religionsverwandten besuchen
sieht. Nehmen wir aber an, ohne dieses
auch nur im geringsten zuzugeben, daß ihre
Blätter wirklich gründlich, katholisch, und ihre Ausstellungen, und Belehrungen der Sache
ganz angemessen seyn; können wir nun denselben wohl folgen? Ich behaupte: Nein. — —

— — — — — — — — — —

Gott

Gott hat bey Joh. am 15 K. nur den
von ihm gesandten Jüngern den Geist der
Wahrheit versprochen. Er hat bey Matth.
28 K. nur zu denselben gesagt: Gehet hin und
lehret alle Völker — und siehe, ich bin bey
euch alle Tage bis an das Ende der Welt.
Den Kritikern aber hat er den Geist der Wahr=
heit, und seinen Beystand nicht versprochen,
sondern scheint vielmehr ihnen eines wie das
andere entzogen zu haben; sie sind also zuvie=
len Schwachheiten und Irrthümern unterwor=
fen, und ihre Leser laufen grosse Gefahr, auf
Abgründe durch ihre Neuerungen geführt zu
werden: denn Neuerungen sind immer bedenk=
lich, sie unterliegen zuvielen nicht vorgesehe=
nen Anstößigkeiten, wovon uns gerade in die=
ser Zeit fast tägliche Beispiele — — unläug=
bar überzeugen; man muß auch erst die Wir=
kungen derley Neuheiten abwarten, wo hinge=
gen die alt hergebrachten katholischen Sitten,
und Gebräuche durch undenkliche Jahre für
gut befunden, und bereits erprobet worden
sind. — Selbst die Schrift giebt uns diesen
Rath. Daß wir bey den gottesdienstlichen, oder
Religionshandlungen die Neuerungen (sollten
selbe auch annehmlicher zu seyn scheinen) ver=
melden sollen.

Man

Man beliebe dies zu merken! Eine
über alle Ausdeutung erhabene Pflicht ist
es für den katholischen Christen, der für seine
Seele zu wachen habenden geistlichen Obrigkeit,
und den von ihr bestellten Lehrern zu folgen:
diesen Lehrern aber so gar jenen, welche in Ge-
genwart dieser geistlichen Obrigkeit predigen,
widersprechen die Herren Kritiker: wie wäre es
also wohl möglich, beeden zugleich zu folgen?
oder wäre es vernünftig mit Hintansetzung unserer ordentlichen geistlichen Lehrern, den nicht
ordentlichen, nicht gut geheissenen, auch nur
im mindesten anzuhangen, und unsere Seele
und Seligkeit in Gefahr zu setzen? Es ist
demnach entschieden, daß wir in was immer
für einer Rucksicht die Herren Kritiker nicht
hören, dieselben nicht anderst als eingedrungene Miethlinge, nur als After-Ja vielmals
als Irrlehrer ansehen können; welche durch ihre vermessene, ärgerliche, und schädliche Handlungen uns glauben machen: daß, wenn Christus und seine Aposteln izt predigten, sie dieselben nicht weniger als unsere Volkslehrer,
welche die Person Christi und der Aposteln vor-
stellen, tadeln würden: oder wenigstens nach
ihrer Philosophie, und Theologie auf eine haar-
gleiche Art tadeln könnten.

l

Diese

Diese Herren würden alsobald einen Uibel-
stand an der Kleidung wahrnehmen , welche Nie-
manden weniger als einem Sohne Gottes, einem
Könige der Juden angemessen war. Wie hat ihn
wohl bey einer solch äussersten Armuth das Volk
dafür ansehen können? Sie wurden sich darüber
aufhalten, daß Jesus bald in dem Tempel, bald
auf den Bergen, bald aus dem Schiffe, bald
auf der Strasse und andern Orten predigte. Daß
er vielmals so geheimnißvoll redete, und die Zuhörer seine Lehre wenig, oder wohl gar nicht
fassen könnten. Was nützt aber eine solche Predigt, die nicht begreiflich ist? Sie wurden
Sprachschnitzer, und andere derley Fehler zeigen, ihm unfreundliche, intolerante, sogar ver-
dammende Worte vorwerfen, ja wohl gar der
Lüge strafen, wann Jesus sagt: das verstorbene
Mägdlein, oder der schon drey Tage im Grabe
liegende, und bereits stinkende Lazarus, schlafe
nur. Sie thäten es als ein gegen alle Menschenliebe laufendes Betragen durchziehen, daß er
das hungerige Volk so lange ohne Speis und
Nahrung lasse. Sie wurden es vielleicht als
unvernünftig verhöhnen, daß er ganz überflüßige
unnütze Fragen stelle: ob und wie viel Brod
vorhanden sey, da es seiner göttlichen Weisheit
ohnehin nicht unbekannt seyn könnte. Vielleicht
thäten sie es für eine wahre Thorheit ausposau-

nen:

nen : daß Christus einen Feigenbaum verdammte,
weil er keine Früchte trug, im Winter, zu einer
Zeit, wo es den Gesetzen der Natur zuwider
war, und auch kein anderer Feigenbaum Früch-
ten trug. Diese Herren könnten auch gewisse
Gebräuche, und Ceremonien nicht allerdings gut
finden : die kostbare, von Magdalena über das
Haupt des Heilandes ausgegossene Salbe wird
ihnen eine unnütze Verschwendung scheinen: die
300 Denarien dafür zum Armeninstitute hinge-
legt, mögen ihnen verdienstlicher und besser an-
gewendet vorkommen. Sie dürften es für etwas wunderliches, für etwas hochmüthiges halten, daß sich eine Weibsperson zu den Füssen
eines Mannes hinwirft, und er gestatte, daß sie
dieselben benetze, dann mit ihren Haaren abtrock-
ne, reinige. Mit was für Augen werden sie erst
den ceremoniösen Einzug nach Jerusalem; die
so unglimpfliche Hinaustreibung der Käufer und
Verkäufer aus dem Tempel mit Umstürzung der
Tischen und Buden; die ganz geheimnißvolle, mit
der demüthigen Fußwaschung vergesellschaftete
Genüssung des Osterlammes; das nächtliche
Gebet auf dem Oelberge, da doch der Salomo-
nische Tempel eben daselbst befindlich war, ansehen? und so würden Sie nach ihrer Gelehrtsamkeit, Verstand und Weisheit noch tausend
andere Dinge tadeln können.

Much=

Möchten Sie nicht, meine Herren, sich ein
wenig über die heilige Schrift hermachen? —
Ich, und alle, welche solche gelesen haben, stehen ihnen gut dafür, daß Sie da recht viel, und
noch weit mehr, als bey unsern gottesdienstlichen
Handlungen anstößiges finden werden: mithin
durch eine ihnen ganz eigene Kritik die Christen recht aufklären können. Richten sie die
Sache nur so ein, wie ihre Kritik von dem Ur-
sprunge an, bis izt fortgeführet worden ist,
und bedienen sie sich der nämlichen Scheingründen, zierlichen Wendungen, dann Blümchen:
so haben sie für ihr Blättchen auf viele Jahre
unerschöpflichen Stoff; denn die Bibel ist weit
reichhaltiger an solchen in ihren Kram taugen-
den Materien, als die Predigten seyn mögen.
Wie leicht können sie nicht nach ihren Grund-
sätzen durch ihre ausgesonnenen Redensarten,
und Blendwerke mit Einrückung einiger feinen
Anneckdötchen wenigstens dem unerfahrnen, (mithin größten Theil des Volks) nach ihrer Idee
die Schrift aufklären? nach meiner Vermu-
thung aber verdächtig machen. Was ist ihnen
wohl leichter als das dem menschlichen Verstan-
de zu wenig einleuchtende Erschaffungswerk der
Welt, das Paradies mit den daselbst vorge-
gangenen Handlungen, als eine blosse Komödie
darstellen? wovon einige von ihnen, wie ein

ge-

gewiſſer Kirchenzeitungsſchreiber, groſſe Liebhaber ſind. Mit welcher — Philoſophie werden
ſie es wohl zuſammen reimen können, daß Noe
hundert Jahre an der Arche gebauet habe, und
daß zu Anfange der Näſſe, dann freien Witte-
rung ausgeſetzte Holz durch einen ſo langen
Zwiſchenraum nicht bereits verfaulet ſey? Werden ſie es nicht unmöglich finden: daß ſich eine
unermeßliche Menge des Waſſers im rothen
Meere zu ſtehenden Bergen aufthürme, und
durch den Abgrund deſſelben das iſraelitiſche
Volk mit trockenem Fuſſe durchziehen laſſe? da
alle phyſiſche Experimenten, und die ganze Natur dagegen ſtreiten. Von Mirakeln ſind ſie ja
ganz und gar keine Liebhaber: in der That gehört ein anderer als ihr kritiſcher Glauben
darzu. Iſt es nach ihren Urtheil nicht Wahn-
ſinn, wenn Joſue der Sonne zu ſtehen befiehlt?
dieſes ſetzet einen Lauf voraus, welches aber
nicht richtig iſt, denn nach dem neuen Siſteme
beweget ſich die Erde, die Sonne ſtehet ohnehin ſtille; wie lächerlich wäre es, würden ſie
ſagen, wenn auch unſer größter Feldherr unſer
Loudon, ja ſelbſt Könige und Kaiſer den Ge-
ſtirnen, oder Elementen gebieten wollten. —

Müßten ſie es ihrer Kritik gemäß nicht für
ärgerlich anſehen, daß die Iſraeliten durch ſte-
ben

ben Tage eine lange und weite Prozeßion, ja
noch darzu in einem fremden Gebiete um die
Stadt Jericho täglich gehalten, und andurch
so viele kostbare Zeit verlohren, und Arbeit
versaumet haben? die Stadtmauren müssen
von Kartenpapier gewesen seyn, wenn wir es
glauben sollen, daß selbe auf den Posaunen=
schall einstürzten. Sieht es bey ihnen nicht einem
blossen Vorurtheile ähnlich, daß dazumal die
Israeliten das Kürzere zogen, als der betende
Moises die Hände sinken ließ, und wann er
dieselben gegen den Himmel erhebte, wiederum
die Israeliten siegten? Wie soll ein Engel, wel=
cher weder Fleisch noch Bein hat, und ein pu=
rer guter Geist ist, in einer Nacht 185000 Aſ=
ſirier erschlagen? Da es bey ihnen bloßer Aber=
glauben ist: daß ein Amulet, ein geweihtes
Scapulier etwas nützen könne, so wird es
wohl auch nichts anders als Aberglauben seyn,
daß, wie viele andere Kranke, also auch das
Cananäische Weib durch Anrührung des Saums
von dem Kleide des Herrn genesen sey: denn
was hat das Kleid einer anderen Person, und
dessen Berührung mit dem Finger für eine Ge=
meinschaft mit dem Blutgange? dieses Uibel
kann ja auch natürlicher Weise von selbst auf=
gehöret haben? -- Dies wird ihnen ohnehin
eine eitle Fabel seyn, daß mit zween Fischen

c 5   und

und fünf Gerstenbroden 5000 hungerige Menschen gesättiget, dann überdies mit den erü-
brigten Stücklein noch 12 Körbe angefüllet
worden sind: da zu allen 5 Broden kaum einer wird erfoderlich gewesen seyn; wo kamen
dann so geschwind so viele Körbe her? was haben die Aposteln mit diesen Uiberreste gethan?
hat etwann jeglicher einem Korb auf den Kopf
gesetzt, und nach den Orte der Bestimmung
getragen? Durch eine solche, obschon elende
Kritik müssen freilich Schwache, noch schwächer
werden. Desgleichen werden sie ganz leicht
beweisen können, daß es nur Pfaffengeschwätz
und Unsinn sey zu glauben, als hätten die Aposteln so viele Wunder gewirket; damal waren
keine gelehrten Kritiker vorhanden, welche das
Wahre von dem Falschen, das Natürliche vom
Uibernatürlichen unterscheiden konnten; die Leute
waren ohne Einsicht. Wie sollten jene Kranken
genesen seyn, welche auch nur der blosse Schat-
ten des Apostelfürstens berührte? der Schat-
ten ist nichts anders als eine Abhaltung des
Lichts, er ist also ein blosses Nichts; und wie
sollte ein lauteres Nichts eine Wirkung nach sich
ziehen können? Unmöglich! denn aus Nichts
kann nur Nichts erfolgen. Auf solche Art könnten die Herren Kritiker noch tausend Stellen
der Bibel mustern: belieben Sie solche nur etwas

was artiger zu wenden, und etwas feiner ein=
zukleiden, so ist ihre Bibelkritik nicht um ein
Haar schlechter, als die Predigerkritik, diese
aber wahrhaftig auch um kein Haar besser.

Was werden diese Herren erst von den Pre=
digten sagen, welche Jesus Christus und seine
Aposteln gehalten haben? viele waren blos auf
die Bekehrung der Juden und Heiden gerich=
tet, sie waren eine Art von Kontroverspre=
digten, und zwar mit den härtesten, oft mit
Fluch = und Scheltworten untermengt : wel=
che aber der Heiland und seine Jünger trotz der
jetzigen fabelhaften Aufklärung für gut befun=
den haben. Allein sie sind gelehrter, weiser,
zeigen sie also : daß diese Predigten der Sache,
und der vorhabenden Bekehrung nicht angemes=
sen waren, nachdem sie unsere Kontroversreden
als der christlichen Liebe nicht angemessen, son=
dern ärgerlich befunden haben? weil ihnen näm=
lich weniger an der Bekehrung der irrenden Brü=
dern gelegen ist, als an manchem Ausdruck,
welcher dem Prediger nur höchst selten, und
vielleicht aus heiligem Eifer, oder nach dem
Beyspiele Christi entfahren ist. Allenfalls hät=
ten sie die harten Worte, nicht aber die hand=
greiflich zur Bekehrung dienenden Kontrovers=
reden verschreyen mögen: denn dies heißt eben

so

so viel, als weil ein Glied etwas krank ist,
höchst unbesonnen, den ganzen Körper tödten.
Wissen sie wohl, daß unsere Mutter die Kirche
nicht blos wünsche ihre Gläubigen zu erhalten,
sondern auch die irrenden Schaafe in den wahren Schaafstall zu führen, denn im Evangelium Joh. 10. K. wird gesagt: „Und ich ha-
„ be noch andere Schaafe, die sind nicht aus
„ diesem Schaafstalle, dieselben muß ich auch
„ herführen.“ Es sind demnach die Bischöfe
und Seelsorger vorzüglich in dieser zweyfachen
Absicht bestellt: so wie der Arzt nicht blos darum vorhanden ist, um den Menschen im auf-
rechten Gesundheitsstande zu erhalten, sondern
auch seine Krankheiten zu heilen. Muß ich es
Ihnen erst sagen? daß der gute Hirt alle seine
getreuen Schaafe auf einige Zeit verläßt, um
ein einziges irrendes zu suchen, und für Freu-
den legt er es auf seine Schultern. Er liesse es
also nicht von selbst zu der Heerde hinlaufen,
nein: sondern er bringt es gleichsam mit einiger Gewalt dahin. Möchten doch die gegen Kontroversreden so sehr lärmenden Herren dieses Bild
etwas genauer betrachten: sie würden Gegenstände finden, die ihnen gar nicht behagen. Wissen sie nicht, daß über einen verlohrnen, aber
in sich gegangenen, und zurückgekehrten Sohn
ein grosses Jubelfest im väterlichen Hause ent-
stan-

standen sey. Wissen sie nicht, daß über einen einzigen Bekehrten eine grössere Freude im Himmel seyn wird, als über neun und neunzig Gerechte? wie werden wir aber solche belehren, und bekehren, wenn wir sie nicht darzu einladen, und keine Bekehrungspredigten halten dürfen?

Mit dero Erlaubniß noch ein Paar Worte: Was sind denn ihre Kritiken? Sind selbe keine Kontroversen? Freylich nicht gegen die Irrglaubigen: diese werden sie bey allen Gelegenheiten, und in allen ihren Handlungen loben; aber desto vermessener, desto niederträchtiger ist es, daß sie nicht über irrende, sondern über jene Brüder zu Felde ziehen, und streiten, welche doch in Christo Jesu eines Glaubens, ein Fleisch und Blut mit ihnen sind. Desto ärgerlicher, desto schädlicher ist es: daß sie sich gegen jene auflehnen, welche ihnen die Kirche nicht als Schüler, sondern als Hirten, Lehrer, und Seelsorger gesetzt hat. Belieben Sie doch zu sehen, was bey Joh. 1. K. 4. V. 20. geschrieben steht. „Wenn jemand sagt: ich „habe Gott lieb, und er haßt seinen Bru- „der, der ist ein Lügner: denn wer seinen Bru- „der, welchen er sieht, nicht liebt, wie kann „er Gott lieben, den er nicht sieht?‟ Dieser ihr Haß gegen die katholischen Prediger ist

auf-

auffallend, befonders gegen gewiſſe, denen ſie
faſt immer widerſprechen, und mit welchen ſie
am meiſten kontroverſiren: auch öffentlich ge=
gen ſelbe ſo lieblos handeln, als wären ſie kei=
ne Chriſten, keine Menſchen; ſie können dem=
nach auf den Ausſpruch des Evangeliſten un=
möglich Gott lieben: und was ſoll das leſende
Publikum von ſolchen Zeitungsſchreibern, und
Kritikern halten? Man betrachte demnach ihr
Betragen von was immer für einer Seite, ſo
erſcheint es in der häßlichſten, und verabſcheu=
enswürdigſten Geſtalt.

Wie übel ſind demnach diejenigen daran,
welche derley Blätter leſen? freylich wird die=
ſes kein vernünftiger Menſch thun, um von
After = von Gegenlehrern, und Kritikern hier=
aus eine Belehrung zu ſchöpfen; aber auch die=
ſe von ächten Katholiken und Seelenhirten plat=
terdings verworfenen Schriften ohne Noth und
Befugniß, aus bloſſer Neugierde, oder zur Un=
terhaltung zu leſen, iſt ſchon ſchlim genug, weil
man ſich andurch ſehr leicht verſündiget;
denn es iſt Sünde, ſich muthwillig (wenn auch
nur aus bloſſer Neugierde) einer ſo groſſen
Gefahr in Sitten und Glauben irre geführt zu
werden, ausſetzen: faſt nirgends iſt dieſe Ge=
fahr gröſſer, als wo ſie uns am meiſten ver=
bor=

borgen wird; wie bey diesen blendenden Schriften, die guten Theils aus lauter Irrglaubigen geschöpft, und mit Sophistereyen angesteckt sind,
auch ihr Seelen tödtendes Gift unter einem falschen Glanz des Lichts, und angeblicher Aufklärung unmerklich verstecket halten: und an=
durch nicht nur das gemeine Volk in ihre Ne-
tze locken, sondern so gar unbedachtsam lesende
einsichtigere Menschen an sich reissen können.
Daß aber diese Kritik= und die damit einverstan=
denen oft gesagten Zeitungsblättchen wirklich
dieses blendende, irrlehrende, Sophistische und
giftige in sich fassen, haben nicht nur die grund=
gelehrten Schriften des berühmten Herrn Chor-
und Kurmeisters Patritius Fast, sondern nebst
andern auch jene des erst unlängst erschienenen
Gegenkritikers sonnenklar erwiesen: Es ist also
Sünde, solche verführerische und gefährliche
Schriften zu lesen. Wen diese unumstößlichen
Beweise nicht überzeugen, bey dem ist es verge-
bens etwas mehreres zu sagen.

Doch ich hoffe: daß meine Leser keines=
wegs so bösartig seyn: und die Haltung dieser
Blätter um so mehr verabscheuen werden, je ge=
fährlicher selbe für ihre kostbareste Seele, für
die Religion und Staat sind. Sie sehen schon
ein,

ein, daß diese Herren, wenn sie aus guten Absichten zum Aufnahme des Glaubens schreiben
wollten, sie ihre Feder vielmehr gegen die Irrlehren, als gegen die Katholische, verwenden
müßten; allein jene verschonen sie, und diese,
die von Jesu Christo dem lebendigen Sohne Gottes eingesetzt sind, ziehen sie samt der Verkün-
digung seines heiligsten Wortes auf eine schänd-
liche, bis auf diese Zeiten unerhörte Art durch
die Hächel: suchen anmit Seelsorger, Volkslehrer, und Oberhirten in Abwürdigung zu bringen: die Katholiken lau, dann wankend, die
Predigten aber, welche uns zu einer unzube-
zweifelnden Sitten - und Glaubenslehre dienen
sollten, zu einen eiteln Gegenstand der Kritik,
und verdächtig zu machen: andurch aber einen
unaussprechlichen Schaden zu veranlassen. Gegen die monarchische Regierung auf eine gleiche Art zu verfahren, dürften sich diese Herren
nicht rühren: wie kann das nämliche gegen die
edlere und wichtigere Hierarchische gestattet werden? — Wenn derley Kritiker gegen die obschon
handgreiflich falschen Religionen in den ottoma-
nischen, persischen, oder marokanischen Reichen
aufstünden (allein diese Barbaren sind zu weise, als daß sie dies geschehen liessen) würden
sie nicht andurch nach und nach die schlimsten
Folgen nach sich ziehen? anfänglich wurden sie
die

die Religionsverwandten lau, zweifelhaft, und
wankend machen: dann werden diese in Zänke-
reyen gerathen, sich in verschiedene Partheyen
trennen, eine die andere hassen, dann verfol-
gen, andurch aber den Staat selbst trennen;
und ein in sich selbst zertrenntes Reich, sagt
die Schrift, zerfällt. Wahrhaftig, solche Kritiker wären das tüchtigste Werkzeug, durch ihr
unmerkbar schleichendes Gift die Länder der
Mahomedanern in Verfall zu bringen: so wie
die Religionsspaltungen schon viele andere Länder in das äusserste Verderben gestürzet haben,
auch die vorhandenen schlechten Schriften in
Ermanglung einer diesem Uibel angemessenen
Gegenvorkehrung es bey uns noch sicher veranlassen werden. Die Geschichte ist uns Bürge,
und leistet gegen jedermann die Gewehr : daß
alle Irrlehren durch ein oder andere verführerische Schrift, durch Kritiken, oder erregte mit
allerley Scheingründen bemäntelte Zweifel ent-
standen: aus diesen aber (was man nicht genug wiederholen, und bedauern kann) die nach-
theiligsten Folgen entsprossen sind ! Es sey demnach weit von mir, und von allen rechtschaf-
fenen Bürgern Wiens , und übrigen wahren
Katholiken der verschiedenen österreichischen
Staaten, in solche Blätter auch nur das min-
deste Vertrauen zu setzen. welche von ungelehr-

ten, unbekannten, unbefugten, im Punkte der
Religion aber uns verdächtigen, schreibseligen
Leuten aus keiner guten Absicht ausgeheget,
und nach allen ihren Kräften verbreitet werden;
Sie lassen dieses feindselige, religionswidrige,
wie dem Staate gemein schädliche Handgewerb
gewiß nicht eher, bis alle Unterstützung auf-
hört, und sie keine sich gerne täuschen lassende
Leser mehr finden: denn selbst der Thor hört
alsdann auf zu schreyen, wann er sieht, und
weiß, daß er keine Zuhörer habe. Welch vernünftiger Mensch kann wohl solchen Blättchen
auch nur den mindesten Beyfall schenken? die
nicht nur gegen alle Christen, sondern so gar
gegen alle Menschenliebe, geheime Fehler der
Mitbrüdern aufspüren und ausposaunen, anstatt selbe zu verdecken; welche solche durch Zu-
sätze, oder Hinweglassungen, Erdichtungen und
Lügen noch vergrössern, folglich alle Pflicht eines ehrlichen Menschens beyseite setzen? Welcher Katholik kann sich durch Blättchen belehren lassen, von welchen er weiß, daß selbe von
einer hohen geistlichen Obrigkeit verworfen, und
gegen dero Willen geschrieben werden; welche
aus denen schädlichsten Irr- dann Freygeistern
geschöpft sind, die noch darzu die Texte der
Schrift und Vätern verstümmeln, verdrehen,
verfälschen, dem Prediger die Worte im Munde

de umkehren, Thathandlungen erdichten, verläumden, Ehrabschneiden, Lügen auf Lügen
häufen, das gegen die Gebräuche der herrschenden
allein seligmachenden Religion laufende loben, die
gottesdienstlichen Handlungen und Ceremonien
tadeln: auch dies mit solchen Wendungen, ein-
nehmenden, und täuschenden Worten: daß wenigstens der schwächere Mensch beynahe verfüh-
ret werden muß. Gute Christen werden also
solche höchst vermessene, höchst schädliche Kir-
chenzeitungs - und Kritikblätter über den reli-
giösen Zustand in den österreichischen Staaten,
wodurch sie sich nur versündigen, und nicht er-
bauet werden, keineswegs mehr lesen: sondern
mit dem übrigen Wuste lieber zum Feuer ver-
dammen, damit man ihnen nicht mit Paulo an
die Galater 1. K. vorwerfen könne: „Mich
wundert, daß ihr euch von dem, der euch
zu der Gnade Christi berufen hat, so bald
auf ein anderes Evangelium abführen lasset.
Nicht als gäbe es ein anderes, sondern es
giebt etliche, die euch beunruhigen, und
das Evangelium Christi verkehren.
Allein wenn schon wir, oder ein Engel vom Himmel ein anders Evangelium predigte, als das wir euch
geprediget haben, der sey verflucht.

Wie

Wie wir zuvor gesagt haben, so
sage ich itzt abermal; wenn euch je=
mand ein anders prediget, auffer
dem, das ihr empfangen habet, der
sey verflucht.

Der Verfasser hoft Vergebung, daß er diesen
flüchtigen Auffatz nicht ordentlicher einge=
theilet, anständiger eingekleidet, und feiner
ausgefeilet habe; hundertmal des Tags ge=
störet, auch von zuvielen anderen Geschäf=
ten überladen, war es ihm nicht möglich,
mehrere Zeit daran zu setzen.